Kim Hu-Ran

시인 김후란

따뜻한 가족

김후란 제10시집

따뜻한 가족

Poetics 시학

■ 시인의 말

시를 읽자, 시를 먹자, 가슴에 시를 꽃피우자, 고 하면서 이곳까지 왔다. 이제 몇 개의 산이 남아 있을지 모르지만 앞으로도 항시 젊은 정신으로 가려 한다.

열 번째 시집을 내면서 책 제호를 '따뜻한 가족'으로 했다. 나의 근래의 관심사가 가족에 대한 애틋함이나 살가운 정 같은 것을 중요시하는 마루턱에 이르고 있어서다.

그리고 이러한 정은 당연하고도 소박한 인간적 미덕이련만 근래의 사회상은 사막의 모래톱같이 바람이 불면 와르르 무너질 듯 위태로워 보여 나도 모르게 가정의 소중함이 시의 축으로 살아나는 듯하다.

사회구성체의 기본인 각 가정이 탄탄해야 그 사회가 안정되고 발전할 것이다. 가정해체 풍조를 예사로이 여기는 폐단을 치유해야 한다.

시인은 끊임없이 시의 깊이와 언어의 절제를 도모하면서 작품을 통한 정서적 교감이 이웃에 번져가는 등불이기를 희구한다. 작은 목소리로 힘겨워하는 이들의 삶을 포근하게 보듬어 주고 북돋워 주고 싶다.

시를 읽고 마음에 위안이 되고 삶에 용기가 생긴다면, 돌담 곁에 조그맣게 핀 풀꽃에서도 생명의 숨결을 느끼는 마음의 여유가 생긴다면, 고마운 일이다.

2009년 봄
김후란

차례

■ 시인의 말
■ 작품 해설 | 김재홍

제1부

그 섬은 어디에 있을까 15
어느 새벽길 16
은빛 세상에서 17
꽃의 눈물 18
풀꽃을 보며 19
향香을 피우다 20
목련木蓮 절창絶唱 21
이 순간 22
나무와 새 23
농부와 소 25
고래바다에서 26
문화의 뿌리 27
무령왕의 인물화상경人物畵像鏡 29
베틀 앞에서 31
불국사의 석탑 33
살아 있는 기쁨 34
별을 따는 밤에 35

제2부

밤하늘에 39
가족 40
따뜻한 가족 41
우리 가족 42
스위스에 띄우는 편지 43
수유리 모과나무 44
이른 봄 45
가족 · 코끼리 떼 46
가족 · 토비 도슨 47
첫 출발 49
이 오월에 51
그날 밤 53
사랑의 말 54
어머니꽃 56
우리들의 고향 57
비 오는 밤 59
희망의 별을 올려다보며 60

제3부

내 시계 65
봄날 66
봄빛 속에 68
요술쟁이 이슬 69
산 이야기 71
어느 날 문득 72
추억의 보물 73
새벽에 일어나서 74
거울을 보며 76
희망 78
꿈꾸는 새여 79
생명의 빛깔 81
젊은 그대여 83
바람 부는 언덕에 84
가야 할 길이 있으므로 85

제4부

나의 사랑 서울숲 89
산아 90
새벽 91
강물은 살아 있다 92
풀밭에서 93
새날의 빛을 94
사라지는 모든 것이 95
운악산雲岳山 절경絶境 97
비 오는 날 98
여름 산 100
산에 오르리라고 102
늦가을의 선물 104
새벽의 노래 106
나는 파도가 되었다 108
자연은 신의 선물 109

제5부

길을 묻는 이에게 113
시간은 강물인가 115
섣달그믐에 116
눈이 오는 날은 117
축복의 날 119
바람 부는 날의 추억 121
세월의 이끼 123
믿음 있기에 124
이 기쁜 성탄절에 126
촛불 하나 켜 놓고 128

제1부

그 섬은 어디에 있을까

그 섬은 어디에 있을까
파도의 옷자락 날리며
물보라 일으키며
잠길 듯 잠길 듯 바다를 헤쳐 간

수천 개 수만 개의 거울이
햇빛에 부서지고
다시 눈부시게 일어서는
파도에 밀리며

그 섬은
아무도 가 보지 않은
먼 바다 어디에 있을까

어느 새벽길

안개 짙은
새벽길을 걷는다
함께 가는 우리 두 사람과
한옆으로 지나가는 자동차와
잠 덜 깬 집들이
천천히 밀려간다
세계는 아득히 멀어져 가고
가장 가까이 서로를 느끼며
환상의 길에서
떨어지지 않으려고 손을 잡고
걸어간다 우리는
세상의 안개 속을 꿈속처럼

은빛 세상에서

안개 짙은 날은
세상이 온통 은빛이다
빗줄기 내려친 흔적마저도
눈을 감고 있다
오늘 나는 손으로 만질 수 없는
진주목걸이 그대에게 주노니
신기하다 평온한 바람 속에
젖은 얼굴로 다가서서
서로의 눈빛만이 빛난다
고통의 세계는 잠시 침묵
모든 종소리도 그치고
진주목걸이만이 은은하다
세상이 다시 눈을 뜨고
환상의 안개가 사라질 때까지

꽃의 눈물

누구 가슴 딛고 피어난
꽃들이기에
저리 애잔한 숨결이런가

가는 곳마다
지천으로 피어 있는 꽃들이
눈부셔라
너무 고와 슬퍼라

여린 빛깔로 형체를 그리며
말 없는 말로
노래를 하며

누구 가슴에 피었다 지는
꽃들이기에
한 송이 한 송이
눈물방울이네

풀꽃을 보며

봄날의 연한 풀빛은
왜 이리 가슴이 아릴까
어느 새벽 가만히 눈떠
세상 밖으로 나온 너

봄날 긴 해 그림자 안고
어느 밭 둔덕에
부끄러이 조그맣게 핀 풀꽃

우리의 육체도
풀꽃 한 송이

무심한 듯 스쳐 가는
세상 빛 속에
내 순수도 절로 짙어져 스러질 테지
한세상 잠시 눈떠 본 풀꽃처럼

향香을 피우다

향기로운 눈빛
사라지는 것을 위하여
어딘가로 한 가닥 연기가 되어
사라지는 것을 위하여
온 세상이 기울어도
올곧게 떠올라
매운 향 공양으로 그리움을 태우고
자유로움으로 해체되는
언어의 별을 띄우며
홀로 묵상하며

목련木蓮 절창絶唱

이른 봄
목련꽃 하얀 노래
허공에 사무쳐
잎보다 먼저 깨어나
온몸으로 내뿜는
울리고 되울리는
목련 절창

이 순간

지상에는 온갖 소리가 흐르고 있다
그중에서 내가 좋아하는
작은 새소리 벌레 소리 나뭇잎 바스락대는 소리
우리들의 아침밥상
사각대는 소리 은수저에 꽂히는 빛살
그대의 눈웃음에 번지는 은은한 향기
오늘 나에게 강한 메시지를 안겨 주는 우리만의 약속
밖에는 바람이 불고 있는가?
바람결에 날아온 낙엽에 언젠가 읽은 시 한 귀절이
빛깔도 선명하게 새겨져 있다
시간은 강물 되어 흘러가고
지금 잠시 나를 사로잡던 감동의 순간들도 흘러가겠지
내가 그대를 바라보는 이 순간도

나무와 새

내가 다시 산다면
나무가 되랴
새가 되랴

발끝으로 뿌리가 내려가는 동안
처음으로 세상이 열릴 때처럼
저 광막한 하늘에
두 팔을 벌리고
무한공간 크게 크게 끌어안으며

나무는 천년을 살고
다시 뿌리를 딛고 일어선다
삶의 기쁨과 슬픔까지도
혼자만의 몸짓으로 속울음 토해내는
의연한 한 그루 나무로 살다가

이 끝없는 갈망의 눈빛

어느 날 저 하늘을 나는
황홀한 새가 된다면
새가 된다면

농부와 소

얼어붙은 땅이 녹으려면
아직도 먼 날이지만
묵묵히 일하는 농부와 소가 보였다
농부는 소를 의지하여
소는 농부를 의지하여
워 워 한번씩 힘을 북돋우며
세상을 다지고 다져 간다
이렇게 해 두면 봄에 농사일이 쉽다네
누구에게랄 것도 없이 중얼거리며
힘겹게 논밭을 일궈 간다
올해도 할 일 많은 날들 아닌가
부지런히 일하면서
세상을 열어 가야지
묵묵히 걸어가는 소에게
농부는 정답게 중얼거린다

고래바다에서

고래바다 울산 앞바다에
오늘도 수천 마리 돌고래가 파도를 가른다
부침하는 젖은 고래등에 사정없이 덮치는 햇살
바다는 고래를 쓰다듬으면서
몇천 년 세월이 가도 죽지 않을 바다의 품에
마음 놓고 살다 가라 다독이면서
놀이를 함께 즐긴다
그 옛날 고래 떼를 바위에 기어오르게 한
울산 반구대 선사인들의 매운 손끝처럼
이제 또 고래 떼를 어딘가에 살게 할
깊고 깊은 암각화*를 새겨 넣을 때까지

---

* 울산 반구대 암각화(국보 285호): 울산 앞바다와 연결된 태화강 중상류의 거대한 바위벽에 새겨진 선사시대의 고래 그림 50여 점.

문화의 뿌리

아득하여라 그 옛날 5세기 때부터
백제의 배는 일본으로 향했다
총칼 대신 문화의 뿌리를 싣고
규슈로 나라로 오사카로
이웃집 정 나누듯 삶의 길 터 나갔다

열매 따 먹고 바닷가 조개 캐 먹던
일본인들 일으켜 세워
벼 농사법 보리갈이 채광 철공기술
차분히 일깨우며 가르쳤다
베틀로 옷감 짜고 바느질로 옷 지으며
문자도 종교도 삶의 질 높이는 정신의 눈뜨임

미소 어린 얼굴로 손 내민
선비 나라 백제인들 문화의 꽃
손에 손잡고 함께 일어섰던
아름다운 역사를 기억한다면

꿈과 사랑이 있었던
그 시절 정을 생각한다면
사람 사는 세상 좀 더 한 물결로 출렁이리

무령왕의 인물화상경人物畵像鏡*

바다는 너무 멀었다
밤낮으로 출렁이는 동해바다 저 너머에
오호도왕자 내 아우여
잘 있는가 아우여 백제의 넋을 끌고
우리 눈물로 헤어져
일본땅 오시사카 궁에 서 있는 그대
그리워라 머나먼 그대에게
이 청동거울을 보내노라
아우의 장수長壽 기리며 구리쇠 200한으로
그 무게보다 더 무거운
내 깊은 사랑 증표로 보내노니
밤이면 그쪽 향해 누운 나를 보라
내 마음 그 거울에
달이 되어 떠오르리라, 아우여

* 인물화상경: 503년 백제 무령왕이 일본 오시사카 궁에 있는 친아우 오호도왕자(후에 게이다 왕이 됨)에게 보낸 청동거울. 뒷면에 백제왕과 신하들 모습과 '사마斯麻'가 아우의 장수를 빌며 이 거울을 보낸다는 명문銘文 48자가 한자로 새겨져 있음. 1971년 7월 8일 공주에서 무령왕릉이 발굴됨으로써 무령왕의 휘諱가 인물화상경에 쓰인 대로 '사마斯麻'였음이 확인됨.

베틀 앞에서

이역 땅 일본의 별들도
백제의 하늘에서 보았던 그 별일까

밤 깊도록 베틀 앞에 앉아
옷감을 짜는 백제 여인은
낯선 땅에서 낯선 사람들 말소리 귀에 담으며
고향에 두고 온 정든 얼굴들
마당의 감나무 대추나무 그리며
말없이 눈물 젖은 옷감을 짰다

저고리 앞섶 다소곳이 여미는 바느질법
일본 여인들에게 올올이 심어 주며
작은 바늘 하나의 큰 지혜 나누었다
어머니의 정성으로
어머니의 사랑으로

천오백 년 전 백제는 험한 바닷길 마다 않고

이웃나라 사람들 손을 잡은 형님이었다
큰 하늘에 별들이 사이 좋게 반짝이듯이

불국사의 석탑

천 년 도읍 유서 깊은
서라벌 하늘 아래
들리는 새소리 목탁 소리
절로 이끌려
불국사 뜰에 서다

아, 저 어깨 넓은 석가탑 앞에
유려한 다보탑 아름다워라

맑은 옥 찬바람에
긴 머리채 흘려 빗고
지금 막 일어선 여인같이
부드러운 어깨 물기 어리어
속 깊은 빛을 내뿜는다

사랑의 말 눈으로 나누며
영원한 한 쌍으로 서 있는
살아 있는 석탑

살아 있는 기쁨

세상이 아무리 넓다 해도
우주가 아무리 크다 해도
나 없으면 불은 꺼지고
나 없으면 모든 빛 눈을 감는다

살아 있다는 건 얼마나 고마운 일인가
풀벌레 우는 소리 담 넘어 울리고
새벽이면 긴 팔 뻗어
내 어깨 흔드는 햇살

소중하여라 오늘도
나를 일으켜 세우는 힘
신비하여라 흐르는 세월의 강물
기다림을 입술에 물고 쳐다보는
내일 모레 글피
또다시 내일 모레 글피
우주는 청순한 부챗살로 열린다

별을 따는 밤에

유연한 몸짓 하나로
억겁을 사는 강물은
한 방울 한 방울이 해체되고
다시 결속하여
깊은 아름다움으로 일어선다
별들을 품은 만삭의 어머니다

시간은 강이다
때로는 몸부림치며 달려간다
누구도 앞질러 뛰어갈 수 없는
강물로 그려지는
실체다

뒤를 돌아볼 수 없는 강물이기에
돌아본들 손잡을 수 없는 날들이기에
우리의 삶은 꿈이런가
나는 매일 밤 별을 보면서

내 어머니처럼 손을 뻗어 별을 따다가
시간을 업고 달려가는 강물에
몸을 던진다

제2부

밤하늘에

문득 저 아득한 밤하늘에
신비의 눈길 던진다
부드럽게 흐르는 은하계에
수천억 별이 있고
또 그만한 은하계가
우주에 헤아릴 수 없이 많다고 하면
생각할수록 아찔 현기증이 난다
우리는 너무 작은 일에 가슴앓이하면서
자주 사람끼리 상처를 입고
자주 돌부리에 걸려 넘어지지만
그 많은 별 중에 지구상에 태어나
사랑으로 만난 우리
이게 어디 예삿일인가
이게 어디 예사로운 인연인가
나에겐 그대가 필요하다
시詩가 된 그대
별들이 눈부시다

가족

거치른 밤
매운 바람의 지문이
유리창에 가득하다
오늘도 세상의 알프스 산에서
얼음꽃을 먹고
무너진 돌담길 고쳐 쌓으며
힘겨웠던 사람들
그러나 돌아갈 곳이 있다
비탈길에 작은 풀꽃이
줄지어 피어 있다
멀리서
가까이서
돌아올 가족의 발자국 소리가
피아니시모로 울릴 때
집 안에 감도는 훈기
기다리는 사람이 있다

따뜻한 가족

하루해가 저무는 시간
고요함의 진정성에 기대어
오늘의 닻을 내려놓는다
땀에 젖은 옷을 벗을 때
밤하늘의 별들이 내 곁으로 다가와
벗이 되고 가족이 된다
우연이라기엔 너무 절실한 인연
마음 놓고 속내를 나눌 사람
그 소박한 손을 끌어안는다
별들의 속삭임이 나를 사로잡을 때
어둠을 이겨낸 세상은 다시 열려
나는 외롭지 않다
언젠가는 만날 날이 있을 것으로 믿었던
그대들 모두 은하銀河로 모여들어
이 밤은 우리 따뜻한 가족이다

우리 가족

우리 집 네모 난 방들은
저마다 다른 얼굴로
치장을 하고
저마다의 향기로 채워져 있다
발그레 뺨이 고운 아이들
거실에서 식탁에서 침실에서
노상 쏟아지는 웃음소리 음악이 되어
천장을 울리고
창밖으로 새어 나가고
레이스커튼 하르르 날리고
피어나는 화분에 빛이 넘친다
정겨운 낡은 풍금처럼
언제 보아도 편안한
우리 가족

스위스에 띄우는 편지

눈의 나라 스위스 알프스 자락
내가 떠나보낸 햇덩이를
그대들은 안고 산다
서울에서 저녁식사 준비할 때
지구 반대편에서 깨어 일어난 그대들은
밤새 쌓인 집 둘레 눈더미를 치우고
방금 구운 빵을 자르며
향기로운 하루를 시작하겠지
신선한 스위스 바람 속에도
매운 삶의 엉킴이 있고
눈보라 휘몰아치는 날 있으리
그런 때는 창가에서 '고향의 봄' 을 노래하라
말은 달라도 고국을 잊지 마라
틈틈이 한글로 메일을 보내고
한글책 열심히 읽는 내 손주 채빈 주한
너희들의 큰 울타리 고국을 잊지 마라
네 핏줄은 고국의 심장에 이어져 있다

수유리 모과나무

김정이 김진이 미술가족이 사는
수유리 숙부님 댁 뜰에서 자란
모과 몇 개가
올해도 정겨운 가을 소식으로
내 거실에 좌정하고 있다

가부좌한 모과는 선비처럼 의젓하다
샛노란 살갗에 난초를 친 듯
갈색 석란이 피어 있다

말수 적은 숙부님처럼 뜨락을 지키던
늙은 모과나무 한 그루도
오랜 세월의 튼실한 둥치 이끌고
슬며시 내 집에 납시어
향 짙은 시조를 읊고 있다

이른 봄

봄볕은 엷다
아직 눈뜨지 않은
앙상한 나뭇가지에
듬직한 새둥주리 얹혀 있다
아기새를 품은 어미새
몸으로 찬바람 자르며
침묵의 시간 흐르다
포도주 빛 노을 한자락
입에 물고
날개를 접으며 들어서는 새
퇴근한 아버지의
기운 어깨가 겹친다

가족 · 코끼리 떼

벌판에서 물을 찾아
묵묵히 코끼리 떼 이동하고 있다
어린 코끼리 한 마리
이따금 어미젖에 매달린다
보는 듯 아닌 듯 눈만 끔벅이며
모든 코끼리 기다려 준다
다시 코끼리 떼 이동한다

가족 · 토비 도슨

해외 입양 스키 선수 토비 도슨
혼잡한 저잣거리에서
어린 손 놓아 잃었던 그 아들

미안하다
미안하다
미안하다
26년 만에 끌어안고 오열하는 아버지
호적을 움켜쥐고 아팠던 세월이 일순 나비 되어
날아갔다

"붕어빵이 무언지 아니?"
"노우"
아버지는 구레나룻
아들도 구레나룻
동생도 구레나룻
세 부자는 마주 보고 크게 크게 웃었다

장맛비 같은 눈물이 목으로 넘어갔다

첫 출발

그날 예식장
삐거덕대는 나무계단은 물었다
어디로 가시나요
모두들 어디로 가시나요

"죽음이 우리를 갈라놓을 때까지"
이미 낭독된 결혼 선언문

붉은 카펫 위로
웨딩드레스 자락을 끌며
세상 끝으로
이제 막 시작인 어딘가로
신랑 신부는 우리를 끌고 간다

구름 같은 드레스 자락을 밟지 않으려
우리 모두
조심조심 따라가고 있었다

어디서 끝날지 모를

세상의 먼 길을

이 오월에

산빛 푸른 오월이면
산그늘도 풀빛이다
모든 것의 시작인 빛과 생명으로
아이는 그렇게 태어났다

맑은 샘물 큰 강물 되듯이
절로 고여 넘치는 웃음소리
포근하여라 가족이라는 울타리
서로가 가까이 다가가며
거친 바람 지나가게 가려 주면서

그러나 내 품에서 그들을 끌어가는 힘이 있다
저 빛이 뻗어 가듯 어딘가로 가려 한다
소용돌이치는 곳으로
홀로서 미래의 꿈을 안고 걸어간다

나를 거쳐 일어섰으나

그들의 생각은 나의 것이 아니며
그들의 내일은 나의 것이 아니기에
나는 다만 미소로 지켜볼 뿐
빛나는 오월의 햇살 아래
사랑으로 지켜볼 뿐

그날 밤

그날 밤 때 아닌 이상기온으로
폭설이 내려
사람도 차도 집에 갇혔다

바쁘게 나뉘었던 가족이
오랜만에 만난 친구처럼
가까이 다가앉는다

외부와 단절된 공간에서
비로소 서로를 지그시 마주 보며
은은히 감도는 난초꽃 향기의
순수를 맡았다

그 옛날 화롯불 둘레에
손 내밀고 앉아
도란도란 얘기꽃
불꽃으로 피어나듯

사랑의 말

빛나는 아침 햇살
창문을 노크한다
은혜로운 시간의 시작이다

날마다 새롭게 찾아오는
오늘을 감사하며
사랑으로 만난 우리
깊은 인연을 생각한다

그러나 너무 가까워 무심한 우리
우리는 참 멀리 서 있었다
벽에 걸린 한 폭의 그림처럼
으레 그곳에 있으리라 믿으며

흘러가는 물길에 나뭇잎 떠내려가듯
떠나가는 사람 잡을 수 없는 법
이승은 너무 짧아 후회는 이미 늦은걸

바쁘게 스쳐 가는 바람 속에서
새삼 지그시 그대 눈 들여다보며
마음의 말 비로소 해 본다
"사랑해요 이 세상 끝까지"

어머니꽃

무슨 꽃일까
송이송이 이 가슴에 피어나
잠들 때 소리 없이
함께 눕는 꽃

속눈썹엔 눈물 진주
부드럽고 포근한
무명 옷자락

오월은 어머니의 질박한 손
상처 많은 가슴에 대고 문지르며
열 번 스무 번
부르고만 싶은
어머니
어머니
어머니꽃 피네

우리들의 고향

숲에는 어머니가
살고 계시다
우렁 우렁 울리는 그 목소리
정겨운 우리들의 고향이다

숨죽여 매운 바람
이겨내면서
철따라 푸르름 눈부시게 살리는
놀라운 저력의
넓고 깊은 품

이 여름 또다시
서늘한 그늘 주시는
그 사랑 가슴에 기대어
어머니이…… 마음 놓고 소리쳐 본다

오냐 오냐

멀리 돌아 내게 오는
어머니 목소리
이 가슴 저 가슴 메아리 지고

비 오는 밤

빗발이 점점 굵어지고 있었다

저녁 뉴스로 전해지는 연쇄살인사건
부도사태, 가출가장 노숙자 폭증 소식
후식으로 입에 물던 과일 한쪽이
목에 걸려 기침이 쏟아졌다

목에 걸린 과일이 쑥 내려갈
무슨 빅뉴스라도 나오길 기다리며
TV 켜 놓은 채 밤을 샌다

아무 탈 없이 하루가 지나고
우리 가족 이웃 가족
모두 다 평온하기를!

빗줄기가 더욱 거세진다
귀가가 늦은 아들에게 핸드폰을 건다

희망의 별을 올려다보며

어린 동생같이
애틋한 2월에
어깨 시린 이 쓸쓸한 시대에

풀잎 같은 언어로 시를 쓰고
사랑이라는 한마디에 기대어 산다

누군가가 말했지
2월은 짧으니
고통도 그만큼 적으리라고

그래, 얼어붙은 산기슭 들풀조차도
기다림 끝에 오는 새날이 있기에
몸 사려 이겨내듯

손잡고 걸어갈 친구가 있고
저녁이면 돌아갈 집이 있는 안도감

작은 일에 감사하며 뜨거운 가슴으로 일어선다

보드라운 아기
품에 꼬옥 안고
세상은 살아갈 만하다고
창을 열고 싸늘한 밤하늘
희망의 별을 올려다본다

제3부

내 시계

내 왼쪽 손목의
30년 함께 살아온 시계
정든 이 시계가 요즘 이상하다
매일 하루 5분 빠르게 달린다
아무리 혼자서 빨리 간들
우주의 시간은 양보가 없어
떼쓰는 어린아이 붙잡아 세우듯
매일 아침 다시 줄 세워 주면서
아니다 혼자 뛰어가지 말라 달래 보면서
살아가는 걸음 나도 다시 매무새를 바로 한다
잘라도 또 자라는 머리카락처럼
아낌없이 처음부터 다시 시작이다
혼자 바쁘게 달려가는
이 낡은 시계가 나의 스승이다

봄날

정원의 나무에 감겨든
아기 손가락 같은 햇살
솜털 옷 보송한
나뭇가지 때리는 꽃샘바람

올해는 개구리도 달포 먼저 튀어 나오고
개나리 진달래도 잔치 벌일 날 머지않았다고
지구 온난화로 온통 계절이 앞당겨졌네

중국 대륙 황사바람에 눈이 아파도
세상사 어지러워 투정을 부리다가도
추위 이겨내고 예서 제서 예쁘게 눈뜨는
봄을 바라보며

따뜻한 차 한 잔에
하르르 떨리는 우리만의 시간
잔잔히 흐르는 〈엘리제를 위하여〉가

가슴에 젖어 드는

이른 봄날

봄빛 속에

봄은
거친 바람 속으로 오네
움트는 꽃봉오리 시샘하는
꽃샘바람

흙 속에 묻혀 한겨울 난
마늘촉 새파랗게 솟구치듯
마른 나무줄기에 초록 물기 흘러
연한 잎새 다투어 세상을 보네

우리들 멍든 가슴에도
다시 만나는 생명의 꽃눈
환하게 트이거라
이 봄빛 속에

요술쟁이 이슬

여름엔 잠 덜 깬 새벽을 만나자
요술쟁이 이슬 보러
뜰에 나서 보자
새벽바람 목을 간지럽힐 때
보석 같은 이슬이
나뭇잎에 조롱조롱 매달려 있다
기도하듯 두 손 가슴에 모은 자세로

신비하다 그토록 작은 물방울이
어떻게 그 먼 강으로 달려가는지
살아 있는 생명의 목을 축여주고
이 세상 얼룩을 씻어 주고

알 수 없어라
내가 아는 건 작은 물방울들이 모여
강이 되고 바다가 되고 구름이 되었다가
우리 집 어둑새벽에 가만히 다가와

고운 이슬방울이 되어
나를 부른다는 것뿐

산 이야기

사람이 산에 오르면
신선神仙이라 하고
계곡을 내려오니 속인俗人이 된다든가
산이 산이되
사람을 안팎으로 흔들어 놓는구나
이끌어 손 잡아 주던
자연의 풍성한 그 품이
이제 날더러 어찌하라고
어찌하라고
신선도 아니 속인도 아니
갈 곳 없이 어찌하라고

어느 날 문득

어느 날 문득
가슴 명치끝을 찌르는
생각 한 가닥
담을 헐자 서로를 옭아맨 담을 헐자
이웃끼리 높은 담으로
세상을 절반쯤 눈 감고 사는
이 허망한 삶
담을 헐고 감나무든 대추나무든
아니 사철 푸른 상록수 심어
아침마다 환한 웃음
깨끗한 눈빛을 나누자
우리들의 짧은 생
눈 가리고 달리지 않기로 하자
광망한 우주 한끝에 서서
오늘 명치끝이 아프다

추억의 보물

추억만큼 소중한 보물이 있을까
명절에는 판도라 상자 열어 고향을 만난다
비탈진 숲길이 그리워지고
손잡고 걷던 돌담길 이야기도 살아나
나를 잡고 놓지 않는다
그곳엔 영원히 조상들과 어머니 계시고
떠들썩한 형제들의 웃음소리
이웃사람들 정겨운 고향 사투리가
맛깔스런 내 고장 음식에 버무려져
푸짐한 상차림이 된다
그렇게 고향은 흩어진 가족들의 빛깔과 향기로
가슴 밑바닥에 젖어 있는데
아직은 소중한 추억으로 보듬고만 살 뿐
그리운 수채화 한 폭으로 걸어 둘 뿐

새벽에 일어나서

새벽에 일어나서
무릎 꿇고 앉아
화선지에 묵화墨畵 한 점 띄우다

열어 놓은 창으로
밝아 오는 날의 정기精氣를 느끼며
오늘 하루
내일 또 모레 글피
모든 날 모든 가정 이웃과 나라의
평안을 생각하며

가슴 벅찬
희망의 뿌리를 껴안는다

은혜로운 자연의 순환 속에
할 일 많은 세상 마음이 바쁘다
그 많은 별 중에 사랑으로 만난 우리

그래, 오늘도

힘 있게 일어선다

거울을 보며

차가운 너의 살갗에
손가락을 댄다
적막한 침묵

홀로 서 있는 나와
나를 보고 있는 또 하나의 나
무언가 할 말이 많은 채
모든 숨소리가 죽고
모든 움직임이 정지된다

선잠 깬 아이 한낮의 정적을 깨듯
거울을 깨고 싶다

어디선가 따스한 손길이
다가온다
거울 속으로 걸어오는 너를 본다
이제 혼자가 아니다

초록빛 미소 바이러스가 번진다
온 집 안에 번진다
나도 웃는다

희망

우리에겐
건너야 할 강이 있다

그 너머에 마을 불빛 보이고
어린 아기 울음소리 들린다

어두운 숲에서
잠자던 새가 푸드득 나른다
새벽이 오고 있었다

그래 우리에겐
건너야 할 강이 있다
혼돈의 시간을 딛고

어둠을 거둬내는
빛이 흐르고
먼 길이 보인다

꿈꾸는 새여

아름다운 대지여
꿈꾸는 새여
너의 빛나는 눈빛을 본다

새날의 큰 획이 그어지는 시간
사랑을 하는 이들은 새 집을 짓고
그리움에 사는 이들
추억의 창가에 앉아
멀리 그려지는 미래를 바라본다

대지에 굳건히 뿌리내리고
높이 두 팔 벌린 의지의 나무들
그 긴 손가락이 가리키는 하늘에
은은히 노랫소리 가슴 적실 때

아, 인간세상 모든 흐름 정의롭기를
슬기롭고 평화로운 날들이기를

열의에 찬 걸음 이웃을 손잡아 주며
땀 흘려 일하는 이 기운 넘치고
바른 길 활기차게 열려 가기를
사람답게 사는 세상 큰 나라여
패기 넘치게 일어서라

생명의 빛깔

어디로부터 오는 걸까
잔잔히 흐르는 이 음악 소리
바람인가 향기인가
가슴에 스며드는 감미로움

오랜만에 비 내려
공해 걷힌 날
손으로 만지고 싶은 저 가을하늘
눈 먼 사람에게도 보여 주고 싶어라
저 하늘 투명한 울림
진정 나누고 싶어라

문득 들려오는 소리
'보고 있어요 느끼고 있어요
마음의 눈으로 감성으로'

그래, 생명의 빛깔은 세속의 덫으로

그 날개 찢을 수 없네
세상사 눈뜬 나도 마음의 눈으로
보고 싶어라
깊은 울림 함께 듣고 싶어라

젊은 그대여

청순한 목둘레에
내일을 감고 서 있는 사람
너의 먼 앞날은 아득하고
무한히 뻗어 가는 어딘가로 향해 있다
젊은 그대여
쌓여 가는 추억 속에
말없이 미소 짓는 인생에도
그대여 밝은 날
함께 가자 말하자
귀 기울이자
손때 묻은 문설주
오랜 포도주
세상은 너무나도 할 일 많은 곳이라고
나직이 이르는 그 목소리
지붕 밑 고요한
흔들림이 있는 곳에

바람 부는 언덕에

첫 눈뜬
그리움처럼
내 가슴속 한 그루
소망의 나무
말없이 자라나 두 팔을 벌린다

밤새 속삭이듯 내린 봄비가
부드럽게 정겹게
온 세상 적실 때

바람 부는 언덕에
잠자던 나무와 돌
내 꿈과 함께
환하게 일어선다

가야 할 길이 있으므로

이 밤의 끝자락 잠들기 전에
우리에겐 건너야 할 강이 있다

할 일이 있고
찾아야 할 길이 있고
주춤거리는 시간을 다시 깨워야 할
가슴 벅찬 과업이 있다

어디선가 아기 울음소리가 들린다
멀리 마을 불빛이 보이고
푸드득 푸드득 잠들지 못한
새의 날갯짓이 숲그늘에서 흔들린다

아직 갈 길이 있다는 건 고마운 일이다
어둠이 걷힐 때까지
빛이 흐르는 먼 길이 몸체를 드러낼 때까지
아직 깨어 있으므로

희망이 있으므로

더 가야 할 길이 있으므로

제4부

나의 사랑 서울숲

이 세상에 꽃이 없다면
나무가 없다면
나뭇가지 흔드는 바람과 새가 없다면
이 세상에 그가 없다면
빛이 없는 세상 어이 살리

마음 바쁜 도시의 서울 사람들
복잡한 가슴에
홀로 깨어 있는 철학자 같은
향기로운 쉼터 숲이 없다면
마음 놓고 걸어 볼
서울숲이 없었다면

아이들이 사슴과 뛰어놀고
사철 눈부시게 일어서는 서울숲
정겨운 연인들이 손잡고 걷는
사랑의 보금자리 즐거워라
자연이 숨 쉬는 세상 아름다워라

산아

산아
두터운 가슴의 산아
전설의 숨결 밀물지는
깊은 골짜기 나무그늘에서
뭇 생명 기대어 잠들게 하는
산아 너그러운 품의 산아
때로는 불현듯 일어서서
가슴 깊은 곳에서 솟는 샘물
흐르다가 뛰어내려
마침내 깨끗이 부서지는
폭포가 되면서
서 있음도 가고 있는 세월이기에
산아 네가 업고 있는
저 크나큰 하늘이
오늘은 더 아득하구나
천년이 하루같이

새벽

창을 열자
새벽이 몰고 오는
청정한 새 기운을 맞는다

머무르지 않고 나아가는
물살처럼
내일을 향한 첫걸음

빛으로
향기로
바람으로
생명 이끄는 힘을 느끼며

할 일 많은 날들
나는 내일의 언덕을
오르기 시작한다
이 새벽에

강물은 살아 있다

강물은 살아 있다
미물조차 사랑으로 품어 안고
토닥토닥 어미 노릇
살아 있는 기쁨이어라

먼 길 나그네로 살면서
사랑의 노래 흥얼거리며
어느 산길 외로운 가슴
뒤척이며 뛰어내리며
어제도 오늘도 유유히 흐르면서

미래의 언어로 바다를 부르네
작은 물방울 흩어지지 말자고
우리 모두 정답게
손잡고 가자고

풀밭에서

아무도 밟지 않은
풀밭에서
풀잎에 맺혀 있는
빗방울을 보면서

내 가슴 위로 흐르는 강을 보면서
나는 세상이 다 담겨 있는
영롱한 한 개의 물방울에 압도되어
숨을 죽인다

이 작은 숨결로
어떻게 영원의
엄청난 바다로 가는지
알듯 모를 듯
세상의 신비를 껴안고 서서
목이 메는 부르짖음 같은
방울방울 맺혀 있는 빗방울을
한없이 들여다본다

새날의 빛을

새날은
모든 빛깔이 찬란해야 한다
새로움에 대한 기대로
가슴이 절로 부풀어 올라야 한다
고요한 새벽녘
잠 깬 바람 소리 새소리 어우러져
가로질러 흐르는 음악 소리에
가슴에 스며드는 자스민 향이
어제까지의 우울을 거둬 가야 한다
스테인드글라스에
세상의 빛이 몸 비비며 들어서고
거룩한 이의 손길을 이마에 느끼며
눈이 부셔서 절로 퉁겨 일어나야 한다
멀리서 다가오는 희망의 날갯짓을 보면서
빛을 움켜쥐어야 한다 사랑의 빛을

사라지는 모든 것이

서울에선 그리도 멀었던
밤하늘 별들
시베리아 벌판에서
몽골 고원에서
어찌 그리 큰 별들이 쏟아지던지
별들은 어디서나 존재하련만

급행열차였네 내가 탄 인생열차는
빠르게 사라지는 풍경들
다시 볼 수 없지만
그 세계는 여전히 존재하듯이

시간은 은하수로 흐르고
나는 어느 길로 왔던가 돌이켜보네
그러나 고독한 숲을 지날 때
혼자이면서 혼자가 아니었네
말없이 등불 밝혀 준 분 있기에

담 허물어 나무를 심는
훈훈한 이웃이 있기에

인생은 너무 빨리 지나가 서운하지만
사라지는 모든 것이 별이 되어 빛나고
어디선가 또 불꽃놀이가 한창이네
아이들 웃음소리도 여전하네

운악산雲岳山 절경絶境

우람한 바위들이
구름 뚫고 솟구쳐
운악산 이름으로
세상을 내려다보네

산세 아름다운 활엽수림 그늘에
홀연히 기품 넘치는
은난초 숨어 있고
그 옛날 도자기 가마터에
세월처럼 부서진 도기조각들
이제는 이 깊은 산
잊힌 듯 고요해라

누가 일렀던가 궁예성터 유적에
은은히 비감 서린 이 절경
차라리 소금강이라
이름 붙여 부르자고

비 오는 날

비는 멀리서 오는 손님이다
낮은 곳으로
낮은 마음으로
모든 이의 가슴에 스며드는
부드러운 눈짓이다

이 여름 소리쳐 울 때도 있다
이게 아닌데, 아닌데, 하면서
어지러운 세상사世上事 고개 흔들며
소용돌이치고 달려온다
내 근심 한 가닥까지도
다 쓸어갈 듯이

오랜 세월
참 많은 이야기를 품고 있는
비는, 멀리서 오는 비는
한 방울 이슬로도 세상을 보여 주는

맑은 눈의 고요한 헌신
생명을 키우는
어머니의 그윽한 눈빛으로
새벽잠을 깨우는
저 빗소리

여름 산

오늘은 온종일
비가 내리고
어느 추억으로도
마음 달랠 길 없을 때

문득
저기 저 산 목둘레
부드럽게 흐르는
넘치는 관능미

어느 나무 밑에
숨죽이고 있을
작은 짐승들

자연은 인생을
풍요롭게 한다
너그럽게 기다림을 가르쳐 준다

나도 비 오는 산으로
다시 살아나
빛나는 시간에
안겨 본다

산에 오르리라고

산이 좋아
등산이 취미라 말해 놓고
나의 생활은 그냥 흘러만 간다
오늘도 오르지 못한 산을
내일이나 모레쯤엔 오르리라고
주말을 겨냥하여 다짐한다

내일이나 모레가 오늘이 되면
또다시 다음 주말 가 보리라 다짐하며
나의 하루는 언제나
헛된 약속을 바구니에 담는다

산이 좋아
산의 정기 마시며
생명의 끈을 잡고 무릎 꿇으리라고

모든 게 새롭게 시작되는 날

그중에도 꿈꾸는 기다림 있으니
멀리 돌아 흐르는 강바람 따라
저 하늘의 속 깊은 푸르름을
산에 들에 팔 벌린 여름숲의 푸르름을
온몸에 휘감고
나도 신선한 바람이 되리라고

저 산 산 너머 산을
그리움으로 바라본다
내일 모레쯤엔 그래 이번 주말엔
꼭 오르리라고 산의 품에 안기리라고

늦가을의 선물

그렇게 멀리 있던 산이
붉게 타오르며 손짓할 때
내 뜰에 오랜 은행나무도
눈부신 낙엽 융단 깔아놓고
바쁜 걸음 쉬어 가라 붙잡는다

삶의 언덕에
풀잎 사운대는 바람길 따라
곳곳에 훈훈한 끌림이 있다

산이 깊으면
메아리도 우렁차리

자연도 사람도
덕이 있는 날을 가꾸며
이 늦은 가을
화사한 은행잎 융단 위에서

세상을 빛내는

깊은 가을빛에 취한다

새벽의 노래

새벽은 밤이슬로 치장한 나뭇잎이
잔잔히 노래를 부르는 시간

하늘과 땅이 입맞춤하고
사랑의 징표로 남긴 이슬로
내 이마를 적신다
숨어 버린 별 대신
반짝 반짝 온 세상이 눈웃음친다

알고 있었다 잠자는 이 시간에도
무언가 이뤄지는 은밀한 성사를
1백 년째 짓고 있다는 바르셀로나의 성당처럼
세상은 무언가를 향해 쉬임 없이 걸어가고
내 가슴에는 매번 새로운 감동이 눈을 뜬다

새벽은 별무리가 숨고 바람이 일어서고
우리 모두 두 팔 벌려 껴안는 이가 있다

새벽 이슬 깨물어 소리치게 하는
저 햇살과 함께

나도 파도가 되었다

이 여름 나를 부른 바다
비단폭 펼쳐 뒤척이는 바다
그 가슴 앞에 서면
나는 세상의 크기를 알 것 같다

파도치는 바다는 하나의 거대한 보석
햇살이 수만 개의 빛을 쏘아 대고
나는 도전하듯 화살을 쏘았다

맞춰야 할 과녁은 있었던가?
물의 깊이만큼 파랗게 입술이 질린
저 무한세계의 심장에
나는 쓰러졌다
나도 파도가 되었다

자연은 신의 선물

숲은 어머니 가슴
산에도 들에도 우리 마을에도
아낌없이 품어 주는
어머니 가슴으로 우거져 있네

매운 겨울바람에
죽은 듯 침묵하던 나무들
봄의 잎눈 틔우는 여린 숨결
신비하여라 살아 있음이 감격스러워라

숲은 어디서나 우리에게 손을 내민다
나무가 모여서 숲을 이루고
우리들의 꿈이 되어 함께 자란다
미래는 자연의 아기
자연은 신의 선물

우리의 아이들과

그 아이들의 아이들까지도
대대손손 우거진 숲에서 자라고
날짐승 들짐승 작은 벌레까지도
너그러운 숲의 품에서 꿈을 꾸면서
향기로운 노래와 그 눈빛으로
사시사철 너울거리네

제5부

길을 묻는 이에게

이 시간
청정한 기운을 품어 안으며
지금 길을 묻는 이에게
머리 숙여 응답하오니

길은 어디나 있었다
저기 풀빛 안개 밀려오는 쪽
우리에게 미래를 보여 주는 손길

이 해의 끝자락
아직 할 일이 남아 있고
어디선가 아기울음 소리 들려오고
숲그늘에서 깨어 날갯짓하는 새들이 보이는데

길을 묻는 그대에게
경건히 응답하오니
밀려오는 햇살 손으로 막을 수 없듯이
길은 어디나 있었다

지금 보이지 않는 길
아무도 가지 않은 먼 길일지라도
힘 있게 내어딛는 새벽의 첫걸음 앞에

시간은 강물인가

시간은 흐르는 강물인가
누구도 잡을 수 없는 옷깃이며
누구도 앞당겨 뛰어갈 수 없는
흐르면서 그려지는 실체인가

지난날을 돌아보면 참 많은 일이 있었다
결코 풀리지 않는 속매듭이 가슴에 박혀 있다
많은 사람을 떠나보냈으며
가지 않았어야 할 길이 상처로 그어져 있다

차가운 살갗에 새겨진
어제 오늘 그리고 내일
해는 또다시 떠오르고
새날의 빛은 강물을 타고 흐른다
후회 없을 눈부신 날들이
너에게
나에게
다시 펼쳐지기를 기대하며

섣달그믐에

한해의 마지막 캘린더 한 장이
나뭇가지에 걸려 있습니다
환한 달빛 밟고 걸어오는 그대가 보입니다
그대 어깨에 얹은 그 커다란 손이 보입니다

문득 뒤돌아본 어제 그제 그끄저께……
낙엽 밑에 누운 발자국
밟으면 소리치는 추억과 함께
가슴 빼근히 고개 드는 숫한 사연들

그리움에 젖은 편지
그대에게 띄웁니다
솟구치는 큰 새의 빛나는 날개에
꿈
사랑
눈부심
내일의 햇살이 기다리는……

눈이 오는 날은

눈이 오는 날은
하늘도 낮아지고
온 세상이 무릎을 꿇는다
경건하게 부드럽게

날리는 눈송이조차
흘러가는 강물 같은 시간 위에
그리움과 아쉬움의 언어로
조심스레 내려앉는다

이런 때 흠뻑 눈에 덮인 숲 속 나무들의
침묵의 기도 소리 들으며
살아가는 길에 보이지 않는 아픔이
비수로 남아 있음을 참회하며

저리 빛나며 흩날리는
눈 내리는 하늘을 향하여

새날은 정녕 미소로 맞아야 함을
덕성과 은혜로움의
눈처럼 모든 걸 덮어야 함을
생각한다

축복의 날

젊음은 축복이다
나이는 잊고
우리 젊은 정신으로 세상을 살자
이 겨울 눈 덮인 설원 앞에서
힘차게 활강하는 의욕을 보이자

아름다운 대지여
성취의 날이여
아득한 하늘 두 팔 높이 들어
찬란한 빛을 불러들이자

나무가 모여 숲을 이루고
강물이 합쳐져 바다 되듯이
기도에 응답하는 소망의 산 일어서고
화해와 협력의
뜨거운 손잡을 때

정신은 나이를 이기는 것
우리 모두 새롭게 맞을
밝은 가슴 드높은 하늘
희망의 지도 그려 가자

바람 부는 날의 추억

아득히 먼 곳에서 달려오는
바람 소리 따라
무지개 꿈으로
곳곳에서 일어서는
눈부신 몸짓들

내 발밑에 무너졌던
지난 겨울의 이야기조차
삐죽삐죽 작은 싹으로 되살아나
안개 속에 뿌리를 내린다

추억은 아름답다
버리고 싶은 기억까지도
썰물로 밀려와
봄빛 서러운 꽃덤불로
무더기 무더기 안겨 오누나

바람 부는 날
가슴 휘젓고 가는
저 휘파람 소리

세월의 이끼

세월은 이끼를 입고
침묵 속에 자란다

세상 근심 뒤척이며
잠 못 이룰 때
밤사이 가는 빗줄기
소리도 없이
부드럽게 부드럽게
온 세상 촉촉이 적시고

한결 짙어진 이끼
고요함뿐이다

믿음 있기에

겨울이 신선한 건
보이지 않던 모든 것이
드러나는 때문이다 솔직하고 담백하다

잎 다 진 겨울나무를 보라
보듬었던 새 둥지 모습을 드러내고
엉킴 없는 가지들 손가락 활짝 펴
차가운 하늘에 연필화를 그린다
입 꾹 다물고
내면의 의지는 숨죽이고 있다

그러나 보이지 않는 몸짓이 있다
냉혹한 지상에 발은 얼어붙어도
결코 죽지 않음을 알기에
역동적인 분수로 솟구치는 생명
부드럽게 잡아 주는 그 큰 손 있기에
물결치는 세상 헤쳐 나갈 수 있다

그렇다, 힘겨운 겨울 이겨내고
우리 모두 겨울나무처럼
신선하게 일어서고 싶다
맑은 눈으로 향기롭게
빛나는 새 아침에

이 기쁜 성탄절에

벼랑 끝 같은 한 해의 마지막 달에
너무도 경건한 만남 안겨 주신 은혜로움

순결과 헌신의 희디흰 눈이 내려
기쁜 성탄 축복의 날이 열리고
추운 겨울 그늘진 자리 후미진 곳까지
당신의 크고 부드러운 손길
생명의 빛이 되어
맑은 샘가에 서게 하심 고맙습니다

캄캄한 땅에
구원의 빛으로 홀연히 오신 메시아
인간에게 말씀을 주시기 위해
인간의 몸으로 오시고
인간다움 일깨우기 위해 오신
그 향기로운 숨결

그러나 당신의 순수와 젊음이
못 박혀, 피 흘려, 죽으심을 보았으므로
당신의 태어나심 슬프고 두렵습니다
인간세계의 가시 돋친 불협화음
불같은 대결의식 피로써 씻어 주며
다시 거듭나라고 가르치시니

그 높고 거룩한 뜻이
우리들 가슴에
눈물 젖은 사랑의 말씀으로 꽃피게 하소서
이 기쁜 성탄절에!

촛불 하나 켜 놓고

해가 저물었습니다
올해의 짐을 내려놓을 시간입니다
오늘 이 시간 촛불 하나 켜 놓고
그리운 포도주 빛 꿈을 꿉니다
창가엔 꽃 한 송이 놓아두고
은빛 종을 달겠습니다

숲에서 불어오는 바람에
은은히 울리는 종소리
향기로운 찻잔을 들고
추억의 별들이 하나 둘
떠오르는 걸 지켜봅니다

지난 한 해 즐거웠던 시간들
슬프고 아팠던 일들
쓸쓸한 이야기 다 흘려보내고

아, 오늘밤 촛불 하나 들고 오는
그대의 미소를 기다립니다
가슴에 물무늬로 번져 가는
평화 그리고 사랑
외로운 이의 어깨 쪽으로
숲이 움직이고 파도가 출렁입니다

이제 눈물을 거두고
그리운 얼굴 떠올리며
따사로운 눈길 이웃에도 나누며
우리 모두 행복을 나누는 파도가 됩시다

새날이 밝으려 합니다
내일은 또다시 할 일이 있고
새로운 그림이 그려지는 새벽이 오겠지요
은혜로운 사랑 충만한 새해가 오겠지요

생명과 사랑의 시, 희망과 평화의 시학

— Poetry of Life & Love, Poetics for Hope & Peace

김 재 홍

(문학평론가 · 경희대 교수)

머리말

김후란 시인은 1959~1960년 『현대문학』으로 등단한 이래 반 백 년의 세월을 오로지 시와 이 땅 문화 발전을 위해 진력해 온 대표적인 시인이자 문화계 지도자의 한 사람이다.

그의 생애는 대체로 시인으로서 문학적 측면, 언론인으로서 문화적 측면, 여성계 지도자로서 사회사적 측면 그리고 근년 '문학의 집 · 서울' 이사장 등을 맡으며 사회봉사에 힘을 기울이는 모습 등으로 요약할 수 있다.

첫째, 시인으로서 그는 데뷔 이래 50년 동안 한결같이 시의 길을 걸어오면서 지금까지 첫 시집 『장도와 장미』 이래 이번 제 10시집 『따뜻한 가족』에 이르기까지 열 권의 창작시집을 상재하면서 생명과 사랑의 정신, 희망과 평화의 철학을 다양하고 깊이 있게 천착해 왔다. 이러한 시인으로서의 한결같은 정진과 매진은 온갖 혼란과 어둠의 역사를 헤쳐 온 이 땅 문학사에 사랑과 평화의 메시지를 통해서 생명사랑, 인간사랑, 자유사랑, 평화사랑의 정신을 뿌리내리게 하는 데 큰 기여를 해 왔다.

둘째, 언론인으로서 그는 적잖은 세월을 문화부 기자, 논설위원 그리고 방송사 이사 등으로 활약하면서 이 땅 언론문화 창달과 발전에 폭넓게 이바지해 왔다.

셋째, 그는 한국여성개발원 원장, 여성정책심의위원 등으로 활동하면서 이 땅 여성의 권익신장과 평등사회실현을 위해 진력하는 한편 각종 사회단체와 문학단체에 헌신적으로 봉사해 온 사회운동가로서도 일익을 담당해 왔다.

넷째, 그는 근년에도 '자연을 사랑하는 문학의 집 · 서울' 이사장, '생명의 숲 가꾸기 국민운동' 이사장, '성숙한 사회 가꾸기 모임, 공동대표 등으로 활약하면서 이 땅 사회 · 문화 · 역사 발전에 중요한 역할을 지속적으로 수행하고 있는 소중한 분이기도 하다.

이렇게 본다면 김후란 시인은 시인으로서의 본도를 지키면서도 문화발전을 위해 노력하고 나아가서 사회 · 역사 발전에도 정성을 기울여 온 이 땅 문화예술계의 원로이자 사회 발전을 이끌어 온 한 지도자로서 소리 나지 않게 조용히 또 꾸준하게 전심 · 진력해 온 분이라는 점을 확인할 수 있다.

이 점에서 이번 시단 활동 50년을 맞이하여 새로이 펴내는 제10시집 『따뜻한 가족』을 통해 김후란 문학의 전반적인 특성을 살펴보는데 큰 의미가 있다 하겠다.

1. 생명의 시학, 사랑의 시학

김후란 시의 출발점은 생명의 시학, 사랑의 시학에서 비롯된다. 그의 시는 세상에서 가장 소중한 것인 생명을 기리고, 그 생명을 태어나게 하고 자랄 수 있게 하는 근원적 힘으로서 사랑의 동력을 지속적으로 노래하고 있는 점에서 그러하다.

① 누구 가슴 딛고 피어난
꽃들이기에
저리 애잔한 숨결이런가

가는 곳마다
지천으로 피어 있는 꽃들이
눈부셔라
너무 고와 슬퍼라

여린 빛깔로 형체를 그리며

말 없는 말로
노래를 하며

누구 가슴에 피었다 지는
꽃들이기에
한 송이 한 송이
눈물방울이네

—「꽃의 눈물」 전문

② 세상이 아무리 넓다 해도
우주가 아무리 크다 해도
나 없으면 불은 꺼지고
나 없으면 모든 빛 눈을 감는다

살아 있다는 건 얼마나 고마운 일인가
풀벌레 우는 소리 담 넘어 울리고
새벽이면 긴 팔 뻗어
내 어깨 흔드는 햇살

소중하여라 오늘도
나를 일으켜 세우는 힘
신비하여라 흐르는 세월의 강물
기다림을 입술에 물고 쳐다보는
내일 모레 글피
또다시 내일 모레 글피

우주는 청순한 부챗살로 열린다

—「살아 있는 기쁨」 전문

이 두 편의 시에는 이러한 김후란 시의 생명사상 또는 사랑의 철학이 잘 나타나 있다. 먼저 시 ①에는 '꽃'으로 표상되는 생명에 대한 연민과 사랑, 공경과 예찬이 잘 형상화돼 있어 관심을 환기한다. 꽃이란, 생명이란 누군가의 숨결이 아닐 수 없다. 또한 그것은 온 천지에 가득 찬 것이지만 그 하나 하나는 모두가 세상에 하나밖에 없는 원본이고 유일본이기에 무엇보다도 소중한 것이고, 그러기에 '눈부시고 고운' 것에 해당한다. 그러나 생명은 유한한 것이고 한 번밖에 살다 갈 수밖에 없는 유한자, 일회적 존재이기에 '너무 고와 슬픈' 것일 수밖에 없다. 따라서 "누구 가슴에 피었다 지는/ 꽃들이기에/ 한 송이 한 송이/ 눈물방울이네"라는 결구처럼 생명은 하나 하나가 단독자이기에 고독하고, 일회적이기에 허무한 존재가 아닐 수 없음이 자명하다. 그러고 보면 이 시는 생명의 기쁨과 슬픔을 함께 표출함으로써 생명의 본질이 그렇게 밝은 것과 어두운 것, 따스한 것과 추운 것이라고 하는 양면성, 모순성을 지니고 있음을 날카롭고 섬세하게 간파한 것이라고 하겠다. 모든 생명은 이 세상에 하나밖에 없는 가장 소중한 것이기에 그것을 사랑하고 공경하고 기리는 일로서 생명사상이 소박하고 평범한 시적 표현 속에 잘 드러나 있다는 뜻이다.

아울러 시 ②에는 이러한 생명사상이 사랑의 철학과 연결되어 잘 형상화 돼 있다. 모든 생명이란 "세상이 아무리 넓다 해도/ 우주가 아무리 크다 해도/ 나 없으면 불은 꺼지고/ 나 없으면 모든 빛 눈을 감는다"는 시구처럼 하나 하나가 다 세계의 중심이면서 우주의 근원으로서 존재한다. 그러기에 "살아 있다는 건 얼마나 고마운 일"일 수밖에 없을게 자명한 이치다.

그렇다면 이러한 생명을 태어나게 하고 자라 가게 하는 근원적인 힘은 무엇인가? 한마디로 그것은 "새벽이면 긴 팔 뻗어/ 내 어깨 흔드는 햇살" "우주는 청순한 부챗살로 열린다"에서 보듯이 '해'의 상징으로 제시된다. 햇빛이야말로 우주 만물을 태어나게 하고 운행하게 하는 우주에너지라는 뜻이다. 말하자면 '해'가 상징하는 빛[光]과 열熱이야말로 우주에너지, 즉 사랑의 힘으로서 생명의 탄생원리이고 운행원리로서 모든 생명을 태어나게 하고 살아갈 수 있게 하는 원동력으로 작용한다는 말이 되겠다. 그러기에 사랑은 "소중하여라 오늘도/ 나를 일으켜 세우는 힘/ 신비하여라 흐르는 세월의 강물"로서 생명을 지켜 주고 우주를 떠받치는 풀잎 기둥으로서 의미를 지닐 수 있을 것이 자명하다.

이처럼 김후란의 시는 생명사상을 핵으로 하면서 사랑의 철학을 형성해 감으로써 생명의 시학, 사랑의 시학을 지향하며 전개되가는 특징을 지닌다.

2. 별의 시학, '따뜻한 가족'을 위하여

생명시학, 사랑시학에 바탕을 두기에 김후란 시는 '나'와

'너' 즉 '우리' 로 집중되면서 가족사랑, 이웃사랑으로 확대되어 나아간다. 생명과 사랑이라는 화두가 나와 너, 그리고 우리로 구체화되면서 보편성의 세계로 확대돼 나아가는 것이다.

그것은 '별' 의 시학으로 구체적인 표상성을 지니게 된다.

문득 저 아득한 밤하늘에
신비의 눈길 던진다
부드럽게 흐르는 은하계에
수천억 별이 있고
또 그만한 은하계가
우주에 헤아릴 수 없이 많다고 하면
생각할수록 아찔 현기증이 난다
우리는 너무 작은 일에 가슴앓이하면서
자주 사람끼리 상처를 입고
자주 돌부리에 걸려 넘어지지만
그 많은 별 중에 지구상에 태어나
사랑으로 만난 우리
이게 어디 예삿일인가
이게 어디 예사로운 인연인가
나에겐 그대가 필요하다
시詩가 된 그대
별들이 눈부시다

—「밤하늘에」 전문

생각해 보면 지상에 수억만 송이 풀과 꽃이 피어나 자라듯이 우주에는 수천백억 개의 별이 존재하고 지금도 빛나고 있지 않은가? 그야말로 하늘엔 별, 땅엔 꽃, 그리고 사람이 지구 위에 더불어 존재하고 있는 모습이다.

인용 시에는 이러한 하늘의 '별'로서 땅의 꽃, 그리고 지상의 인간이 조응되고 있어 주목된다. 그렇게 지천으로 널린 별이란 바로 땅의 꽃과 지상의 인간과 더불어 하나의 공동체를 이루고 있기 때문이다. 바로 여기에서 생명을 탄생시키고 운행해 가는 원리로서 다시 사랑과 인연의 중요성이 제시된다. "그 많은 별 중에 지구상에 태어나/ 사랑으로 만난 우리/ 이게 어디 예삿일인가/ 이게 어디 예사로운 인연인가"라는 구절이 그것이다. 생명의 운행원리는 바로 사랑의 법칙에 좌우되며, 그 사랑은 인연의 고리로서 연결돼 가기 마련이다. 너와 내가 이웃과 더불어 살아가는 일이란, 사랑이 매개원리로 작용하면서 인연이 그 연결고리가 되어 전개된다는 뜻이다.

바로 이 점에서 '나'는 '너'와 다시 '가족'과 이웃, 그리고 겨레와 인류로 확대되고 심화돼 가는 것이 아니겠는가? 여기에서 다시 강조되는 것이 바로 사랑의 철학이다. 사랑이야말로 모든 가족관계, 인간관계에 있어서 근본원리와 운행법칙으로서 작용하며 가족과 사회, 민족과 인류로 그 지평을 확대해 나아가게 하는 견인력이 되기 때문이다.

사실 '내'가 세상의 주인, 우주의 중심이듯이 확장된 '나'로서 가족이란 말 그대로 우주의 중심 또는 최소 단위에 해당하는 것 아니겠는가? 그리고 그것은 사랑의 원리와 인연의 법칙으로 형성되고 전개돼 가는 것 아니겠는가. 따라서 사랑, 즉 '따뜻한 가족'으로서 사랑의 인간관계는 세계를 움직이는 근본원리이자 우주에너지가 아닐 수 없다.

벌판에서 물을 찾아
묵묵히 코끼리 떼 이동하고 있다
어린 코끼리 한 마리
이따금 어미젖에 매달린다
보는 듯 아닌 듯 눈만 끔벅이며
모든 코끼리 기다려 준다
다시 코끼리 떼 이동한다

—「가족 · 코끼리 떼」 전문

산빛 푸른 오월이면
산그늘도 풀빛이다
모든 것의 시작인 빛과 생명으로
아이는 그렇게 태어났다

맑은 샘물 큰 강물 되듯이
절로 고여 넘치는 웃음소리
포근하여라 가족이라는 울타리

—「이 오월에」 부분

날마다 새롭게 찾아오는
오늘을 감사하며

사랑으로 만난 우리
깊은 인연을 생각한다

—「사랑의 말」 부분

그렇다! 사랑은 모든 가족관계, 인간관계의 근본원리고 운행법칙에 해당한다. 그것은 인간뿐만 아니라 산천초목 삼라만상 모든 생명 있는 것들을 태어나게 하고 살아가게 하는 근본적인 섭리이고 우주 에너지로서 작용한다. 그러기에 모든 인간관계, 가족관계는 사랑의 원리 즉 상호 공경과 사랑 또는 모심과 기룸의 법칙을 바탕으로 형성되며 또 전개돼 갈 것이 당연한 이치다. "맑은 샘물 큰 강물 되듯이/ 절로 고여 넘치는 웃음소리/ 포근하여라 가족이라는 울타리"와 같이 따뜻한 가족, 즉 사랑의 원리와 법칙으로 구성되고 전개돼야 하는 것이 모든 우주만물 운행의 알파요 오메가가 된다는 뜻이다.

사실 오늘의 삶이란 어떤 모습인가? 생명체들의 과다한 탐욕과 이기심으로 인해 나날이 인간관계는 단절되고 소외되어 가족해체가 급속도로 진행돼 가고 있지 않은가? 그래서 각종 사건, 사고가 빈발하고 모든 생명체, 인간들은 온갖 위험에 무방비 상태로 노출되어 있다.

이 점에서 김후란 시인이 지속적으로 강조하고 있는 '따뜻한 가족'의 회복과 유지, 사랑의 시학은 바로 인간성 회복 운동이고 나아가서 생명성 회복 운동이 아닐 수 없다. 그리고 그것은 모든 생명, 가족 구성원 하나 하나가 제자리를 올바로 지키고 서로의 존재를 인정하고 사랑하고 공경해 나아갈 때 비로소 이루어질 수 있는 것이리라.

3. 자연사랑 또는 대지사상을 위하여

그렇다면 이러한 생명의 시학, 사랑의 시학은 과연 어디에서 연원한 것일까? 그것을 우리는 대지사상 또는 자연사에 대한 관심과 애정으로 파악해 볼 수는 없을 것인가?

그렇다! 김후란 시 속에는 모든 생명들이 뿌리내리고 살아가는 터전인 대지에 대한 믿음과 생명력에 대한 찬탄이 지속적으로 표출되고 있다는 점에서 그의 건강한 대지사상과 생명사상을 엿볼 수 있다. 그의 시에는 살아 있다는 것으로서 생명에 대한 기쁨과 함께 대지와 그 생명력에 대한 감사와 외경심이 물결치고 있기 때문이다. 그의 시에는 어둡고 음습한 분위기보다는 언제나 맑고 밝은 태양의 기운, 그리고 긍정과 낙관의 미래지향적인 생명력이 살아 움직이고 있기에 건강성이 돋보인다는 뜻이다.

아름다운 대지여
꿈꾸는 새여
너의 빛나는 눈빛을 본다

새날의 큰 획이 그어지는 시간
사랑을 하는 이들은 새 집을 짓고
그리움에 사는 이들
추억의 창가에 앉아
멀리 그려지는 미래를 바라본다

대지에 굳건히 뿌리내리고
높이 두 팔 벌린 의지의 나무들
그 긴 손가락이 가리키는 하늘에
은은히 노랫소리 가슴 적실 때

아, 인간세상 모든 흐름 정의롭기를
슬기롭고 평화로운 날들이기를
열의에 찬 걸음 이웃을 손잡아 주며
땀 흘려 일하는 이 기운 넘치고
바른 길 활기차게 열려 가기를
사람답게 사는 세상 큰 나라여
패기 넘치게 일어서라

—「꿈꾸는 새여」 전문

강물은 살아 있다
미물조차 사랑으로 품어 안고
토닥토닥 어미 노릇
살아 있는 기쁨이어라

먼 길 나그네로 살면서
사랑의 노래 홍얼거리며
어느 산길 외로운 가슴
뒤척이며 뛰어내리며
어제도 오늘도 유유히 흐르면서

미래의 언어로 바다를 부르네
작은 물방울 흩어지지 말자고
우리 모두 정답게
손잡고 가자고

—「강물은 살아 있다」 전문

앞의 시에서는 "아름다운 대지여/ 꿈꾸는 새여/ 너의 빛나는 눈빛을 본다//(…중략…)// 대지에 굳건히 뿌리내리고/ 높이 두 팔 벌린 의지의 나무들/ 그 긴 손가락이 가리키는 하늘에/ 은은히 노랫 소리 가슴 적실 때"라는 구절에서 보듯이 '대지, 새, 나무, 하늘' 이 서로 조응되면서 대지와 생명의 교향시를 연출하고 있다. 아울러 이러한 대지적 생명력에 대한 찬탄은 "아, 인간세상 모든 흐름 정의롭기를/ 슬기롭고 평화로운 날들이기를/ 열의에 찬 걸음 이웃을 손잡아 주며/ 땀 흘려 일하는 이 기운 넘치고/ 바른 길 활기차게 열려 가기를"과 같이 인간사와 연결되고 공동체의식과 노동의지로 열려 감으로써 건강성을 확대하고 심화해간다.

뒤의 시에서는 작은 물방울이 시내와 강을 이루고 바다를 향해 나아가는 강물의 모습을 통해서 자연사와 인간사의 생명원리를 꿰뚫어내고 생명공동체로 나아가고 싶다는 염원을 보여준다. "강물은 살아 있다/ 미물조차 사랑으로 품어 안고/ 토닥토닥 어미 노릇/ 살아 있는 기쁨이어라"와 같이 대지사상에 뿌리를 둔 건강한 생명력에 대한 믿음과 기쁨, 소망이 표출되고 있는 것이다. 그러면서도 "어제도 오늘도 유유히 흐르면서//

미래의 언어로 바다를 부르네/ 작은 물방울 흩어지지 말자고/ 우리 모두 정답게/ 손잡고 가자고" 와 같이 건강한 미래지향성과 공동체의식을 보여 줌으로써 바람직한 생명사상과 사랑의 철학을 형성해 가는 것이다. 실상 이러한 생명의 터전인 대지와 그 생명력에 대한 신뢰와 희망이야말로 온갖 수난과 역경으로 점철돼 온 이 땅의 험난한 현실과 역사를 슬기롭게 극복하고 헤쳐 나오게 한 정신적인 원동력이 아니었겠는가?

그 누가 시를 쓰고자 하는 자, 삶을 깊이 있게 살려고 하는 자는 반드시 나무와 새를 눈여겨 바라보고 강물의 흐름과 바닷물의 출렁임을 깊이 있게 공부해야 한다고 했던가? 바로 김후란의 시는 이처럼 나무와 새, 그리고 강물의 흐름을 깊이 있고 섬세하게 바라보고 공부함으로써 깊이 있는 시인의 길, 바람직한 인간의 길을 걸어가고자 소망하는 것이 아닐까 한다. 이를 통해서 지혜로운 삶의 길, 아름다운 시의 길을 향해 나아가고자 하는 열린 정신을 보여 주고 있다는 뜻이 되겠다. 실상 김 시인이 자연을 사랑하는 '문학의 집 · 서울' 이사장 소임을 맡아 자연사와 인간사의 아름다운 만남운동을 주선해 나아가는 일도 이러한 지향성의 한 반영이 아니겠는가?

4. 역사의식 또는 문화적 상상력을 위하여

한편 김후란의 시에는 사람이 살아온 과거와 살고 있는 오늘, 그리고 살아갈 미래에 대한 성찰로서 역사의식 또는 문화적 상상력이 지속적으로 작용하고 있다.

아득하여라 그 옛날 5세기 때부터
백제의 배는 일본으로 향했다
총칼 대신 문화의 뿌리를 싣고
규슈로 나라로 오사카로
이웃집 정 나누듯 삶의 길 터 나갔다

열매 따 먹고 바닷가 조개 캐 먹던
일본인들 일으켜 세워
벼 농사법 보리갈이 채광 철공기술
차분히 일깨우며 가르쳤다
베틀로 옷감 짜고 바느질로 옷 지으며
문자도 종교도 삶의 질 높이는 정신의 눈뜨임

미소 어린 얼굴로 손 내민
선비 나라 백제인들 문화의 꽃
손에 손 잡고 함께 일어섰던
아름다운 역사를 기억한다면
꿈과 사랑이 있었던
그 시절 정을 생각한다면
사람 사는 세상 좀 더 한 물결 출렁이리

—「문화의 뿌리」 전문

이 시에는 한국과 일본 사이의 역사 · 문화적 영향관계와 연대의식이 잘 드러나 있다. 이웃해 있는 두 나라, 그러면서도 선린보다는 자주 적대의식으로 대립과 갈등을 겪어 온 두 나라의 역사가 사실은 문화사적인 면에서 한 뿌리이기에 그러한 불행했던 과거사를 떨치고 상생의 철학, 평화의 세상으로 나아가자는, 나아가고 싶다는 염원과 갈망을 표출하고 있는 것이다.

이 시에서는 "아득하여라 그 옛날 5세기 때부터/ 백제의 배는 일본으로 향했다/ 총칼 대신 문화의 뿌리를 싣고/ 규슈로 나라로 오사카로/ 이웃집 정 나누듯 삶의 길 터 나갔다// 열매 따 먹고 바닷가 조개 캐 먹던/ 일본인들 일으켜 세워"와 같이 우리나라가 일본에 미친 역사적 영향과 상호관계를 소상히 밝히고 있다. 특히 "베틀로 옷감 짜고 바느질로 옷 지으며/ 문자도 종교도 삶의 질 높이는 정신의 눈뜨임"에서 보듯이 생활사적인 면뿐만 아니라 문화사, 정신사 면에서도 심대한 영향을 끼쳤음을 강조함으로써 뿌리 깊은 역사적 유대관계를 제시한다. 무엇보다도 "문자도 종교도 삶의 질 높이는 정신의 눈 뜨임"을 강조한 것은 김 시인의 역사의식의 중심에 문화의식 또는 문화적 상상력이 자리 잡고 있음을 말해 준다고 하겠다.

「무령왕릉의 인물화상경」「베틀 앞에서」「불국사의 석탑」 등의 여러 시편들에는 이러한 역사의 뿌리를 탐구하면서 문화의 힘이 얼마나 소중한 역사 전개의 추진력이 될 수 있는가 하는 성찰을 보여주고 있어서 주목을 끈다.

이역 땅 일본의 별들도
백제의 하늘에서 보았던 그 별일까

밤 깊도록 베틀 앞에 앉아
옷감을 짜는 백제 여인은
낯선 땅에서 낯선 사람들 말소리 귀에 담으며
고향에 두고 온 정든 얼굴들
마당의 감나무 대추나무 그리며
말없이 눈물 젖은 옷감을 짰다

저고리 앞섶 다소곳이 여미는 바느질법
일본 여인들에게 올올이 심어 주며
작은 바늘 하나의 큰 지혜 나누었다
어머니의 정성으로
어머니의 사랑으로

천오백 년 전 백제는 험한 바닷길 마다 않고
이웃나라 사람들 손을 잡은 형님이었다
큰 하늘에 별들이 사이 좋게 반짝이듯이

—「베틀 앞에서」 전문

이처럼 김후란의 시는 선린관계로서 한·일간의 역사적 유대관계를 제시하면서 무엇보다 그것이 인간이 살아가는 뜻과 정으로서 인류의 양심과 정의의 길, 즉 바람직한 역사의식과 문화적 상상력에 기반을 두고 있어야 한다는 점을 제시하고 있다는 점에서 설득력을 지닌다.

아울러 이러한 역사의식과 문화적 상상력은 "이웃나라 사람들 손을 잡은 형님이었다/ 큰 하늘에 별들이 사이 좋게 반짝이듯이"와 같이 건강한 평화의 시학, 미래지향성으로 연결됨으로써 바람직한 방향성을 확립하게 된다.

5. 맺음말-희망의 시학, 평화의 시학을 향하여

김후란의 시는 궁극적인 면에서 희망의 시학, 평화의 시학을 지향한다. 1960년 등단 이래 50년 반세기에 이르는 동안 그가 추구해 온 시정신은 일관되게 어둠에서 빛으로, 슬픔에서 기쁨으로, 절망에서 희망으로 나아가려는 희망의 정신이며 동시에 그 모든 삶과 시, 역사행위는 평화의 정신에 바탕을 두고 전개 돼 나아가야 한다는 신념을 일관되게 보여주기 때문이다.

> 우리에겐
> 건너야 할 강이 있다
>
> 그 너머에 마을 불빛 보이고
> 어린 아기 울음소리 들린다
>
> 어두운 숲에서

잠자던 새가 푸드득 나른다
새벽이 오고 있었다

그래 우리에겐
건너야 할 강이 있다
혼돈의 시간을 딛고

어둠을 거둬내는
빛이 흐르고
먼 길이 보인다

—「희망」 전문

우리에게 '건너야 할 강'이란 무엇인가? 그것은 바로 역사의 흐름이며 역사의 온갖 시련으로서 어둠의 강물이 아니겠는가. 온갖 수난과 역경, 고통과 시련으로 점철된 역사의 강물을 건너 우리는 "어두운 숲에서/ 잠자던 새가 푸드득 나른다/ 새벽이 오"는 곳을 향하여 나아가야 하는 것이다. 그야말로 "그 너머에 마을 불빛 보이고/ 어린 아기 울음소리 들리"는 그러한 희망의 나라, 평화의 나라로 나아가야 한다는 뜻이다. 그때 비로소 "어둠을 거둬내는/ 빛이 흐르고/ 먼 길이 보인다"와 같이 역사의 새벽, 희망의 새아침이 열려 갈 수 있는 것이기 때문이다.

그러므로 희망의 시학은 평화의 시학으로 나아가게 되는 것이다.

아직 갈 길이 있다는 건 고마운 일이다
어둠이 걷힐 때까지
빛이 흐르는 먼 길이 몸체를 드러낼 때까지
아직 깨어 있으므로
희망이 있으므로
더 가야 할 길이 있으므로

—「가야 할 길이 있으므로」 부분

아, 인간세상 모든 흐름 정의롭기를
슬기롭고 평화로운 날들이기를
열의에 찬 걸음 이웃을 손잡아 주며
땀 흘려 일하는 이 기운 넘치고
바른 길 활기차게 열려 가기를
사람답게 사는 세상 큰 나라여
패기 넘치게 일어서라

—「꿈꾸는 새여」 부분

이 두 편의 시에는 김후란 시의 목표 또는 지향점이 선명하게 제시돼 있다. 그것은 바로 희망의 시학이며, 평화의 시학이다. 생명이 살아 있는 한 그 삶에서 희망은 빛이고 소금이 아닐 수 없으며, 그 희망을 자라고 꽃피우고 열매 맺게 하기 위해서 평화가 가장 소중한 관건이 아닐 수 없다. 그만큼 희망과 평화란 삶에 있어서 나아가서 역사 전개에 있어서 원동력이면서 추동력이고 동시에 이념적 목표이자 지향점이 아닐 수 없다는 뜻이 되겠다.

이 점에서 열 번째, 등단 50주년을 맞이하여 펴내는 이번 시집의 제목이 『따뜻한 가족』이라는 점은 중요한 시사점을 던져 준다.

온갖 기계문명의 홍수와 자본만능의 물신주의 팽배 현상 속에서 나날이 인간성은 황폐해 가고 생명력은 고갈돼 감으로써 인간상실, 가족해체가 심화돼 가는 것이 오늘날 21세기의 어두운 풍경이 아닌가.

이에 비추어 인간성의 회복은 바로 생명력의 회복이고 사랑의 회복, 따뜻한 가족의 회복에서 찾을 수 있을 것이 분명하다. 그리고 그것은 바로 건강한 희망의 철학, 평화의 실현을 통해서만이 이룰 수 있는 것이 자명한 이치다. 그리고 이러한 생명과 사랑, 희망과 평화의 철학을 올바로 구현해야만 개인과 사회, 역사와 그리고 인류사의 바람직한 지평을 열어 갈 수 있을 것이기 때문이다.

앞으로 김후란 시인의 삶이 더욱 연부역강해지길 기원하면서 그의 시가 금강석처럼 빛나 가기를 소망한다.

시인 김후란/ 金后蘭

1934년 서울에서 태어남. 본명 김형덕金炯德.

1960년 현대문학지로 등단하고 청미회靑眉會 창립동인.

서울대학교 사범대학 재학 중 한국일보 기자가 되어 이후 20여 년간 경향신문 문화부 기자 부산일보 논설위원 등 언론인 생활. 한국여성개발원 제2대 원장 역임. 여성정책심의위원, 한국방송광고공사 공익자금관리위원장,정부공직자윤리위원, 문화방송 이사 등을 역임하고 제17대 한국여성문학인회 회장을 지냄.

1967년 첫 시집 『장도와 장미』 상재 후 『어떤 파도』, 『우수의 바람』, 『서울의 새벽』, 『시인의 가슴에 심은 나무는』, 『따뜻한 가족』, 서사시집 『세종대왕』 등 10권의 시집을 냈으며, 시전집 『사람 사는 세상에』, 시선집 『오늘을 위한 노래』 등과 수필집 『너로 하여 우는 가슴이 있다』 등 다수의 저서가 있음.

현재 '자연을 사랑하는 문학의 집 · 서울' 이사장. 생명의 숲 가꾸기 국민운동 이사장. 성숙한 사회 가꾸기 모임 공동대표.

현대문학상, 월탄문학상, 한국문학상, 효령대상, 펜문학상 등 수상. 국민훈장 모란장 수훈.

이메일 hurankim@hanmail.net

따뜻한 가족

지은이 | 김후란
펴낸이 | 설보혜
펴낸곳 | Poetics 시학
1판 1쇄 | 2009년 4월 20일
출판등록 | 2003년 4월 3일
주소 | 서울 종로구 명륜동1가 42
전화 | 744-0110
FAX | 3672-2674

값 10,000원

ISBN 978-89-91914-64-3 03810